최영미 시집

꿈의 페달을 밟고

꿈의 페달을 밟고

序

젊은 적이 없기에 늙을 수도 없는 이들에게
이 시들을 바친다

차 례

序 ……………………………………… *3*

제 1 부 꿈의 페달을 밟고

임하댐 수몰지구에서 ……………………………… *10*
꿈의 페달을 밟고 ……………………………… *11*
지하철에서 : 노란 10월 ……………………………… *12*
사랑의 시차 ……………………………… *14*
내 시의 운명 ……………………………… *15*
T에게 - 검정 위에 밝은 빨강 ……………………………… *16*
권위란 ……………………………… *18*
내 편지는 지금 가고 있는 중 ……………………………… *19*
토요일 밤의 초간편 神 ……………………………… *20*
시와 똥 ……………………………… *22*
첫 눈 ……………………………… *23*
양심수 ……………………………… *24*
단백질, 지방, 탄수화물의 사랑 ……………………………… *26*
어머니의 시 ……………………………… *28*

제 2 부 그래도 아름다운 세상

그래도 아름다운 세상 ················· *32*
그리고······ ························· *33*
아멘 1 ································ *34*
아멘 2 ································ *36*
어떤 실종 ····························· *38*
전문직이란? ·························· *40*
인형의 최후 ·························· *41*
독 서 ································· *42*
한여름날의 꿈 ························ *43*
가정 요리 ····························· *44*
어머니, 밥상에서 놀라시다 ·········· *45*
나무는 ······························· *46*
기억의 문신(文身) ···················· *48*
낙엽과 아이 ·························· *50*
행복론 ································ *51*

제 3 부 옛날의 불꽃

달팽이 ································ *54*

이율 배반 ································· 55
그 여름의 어느 하루 ··················· 56
오로지 ··································· 58
변비의 끝 ······························· 59
보내지 못한 편지 ······················ 60
너를 잃고 ······························· 62
미 련 ··································· 63
서교동 블루스 ·························· 64
분리수거 ································ 66
가을비 ··································· 67
사랑니, 뽑다 ··························· 68
내 마음의 지중해 ······················ 70
포 로 ··································· 72
옛날의 불꽃 ···························· 73

제 4 부 불면의 일기

덕수궁 돌담길 ·························· 76
유년의 일기에서 ······················· 77
그들에 대한 명상 ····················· 78
알리바이 ································ 79
불면의 일기 ···························· 80

거대한 뿌리 ··· *83*
사랑의 정원 ··· *84*
정든 한숨 ··· *86*
김남주를 묻으며 ·· *88*
가을바람 ·· *91*
낯술은 ·· *92*
기다린다는 건 ·· *93*
용문사 계곡에서 ·· *94*
1월 1일, 눈보라 ·· *95*
미완의 시 ··· *96*

해　설 ································최 원 식 · *97*
후　기 ··· *121*

제 1 부

꿈의 페달을 밟고

임하댐 수몰지구에서

너 없이는 어떤 풍경에도 잠길 수 없어
하늘 향해 팔 벌리고 생매장된 나무들
죽어가는 가지 끝에, 네 얼굴을 건다

무모했던 여름의 기억들도
개울져 흐르는 저마다의 진실도
이 생에 내가 피운 모든 먼지들도
저무는 햇살에 부서져 강물을 따라 흘러가는데
버릴 수도 삼킬 수도 없는 시간 속으로 사라지는데
설익은 낙엽 한떼 우수수 난파한 배처럼 떠다니는
그해 시월 강둑에 앉아
이 생에 내가 짓고 허문 마음의 감옥들이여
대답없이 오래 썩은 한숨이여
차라리 제 무게로 가라앉기라도 했으면……

그해 시월 나는 강둑에 앉아 자투리로 남은 청춘을
방생(放生)했다. 쥐었다 풀었다 두 주먹만 허허롭게
살아 놓아준 삼십오세.

꿈의 페달을 밟고

내 마음 저 달처럼 차오르는데
네가 쌓은 돌담을 넘지 못하고
새벽마다 유산되는 꿈을 찾아서
잡을 수 없는 손으로 너를 더듬고
말할 수 없는 혀로 너를 부른다
몰래 사랑을 키워온 밤이 깊어가는데

꿈의 페달을 밟고 너에게 갈 수 있다면
시시한 별들의 유혹은 뿌리쳐도 좋았다

지하철에서 : 노란 10월

> 10월 혁명

노란 10월이 온다. 티뷰론 TGX
국내 최고 속도, 한층 진보된 스포츠카 탄생

혁명은 이제 광고 속에만 있다
춤추는 두 글자가, 옆자리 신문을 훔쳐보는
당신의 가슴에 폭풍을 일으킨다
앞만 보고 질주하는 속도에 맞서 자폭하고픈
당신 앞에서 장난감 총을 쏘며 노는 아이들
노란 혁명이, 노란 먼지 날리며
일면 톱으로 당신을 덮친다
창가로 날아드는 날카로운 가을 햇살에 찔려
눈을 감은 10월, 하얀 눈 속의 러시아가 피로 물든다

붉은 시월이 노란 시월로 둔갑할 때까지
현대자동차에 레닌의 얼굴이 겹칠 때까지
우리는 무엇을 했나

노란 시월이, 놀라운 시월이 밀려온다
나를 사다오. 세기말의 자본주의여 —
붉은 시월에서 노란 시월까지 긴 잠을 자던, 나를 깨워다오
국내 최저 속도에 안전엔진을 부착한, 나를 제발 흔들어다오

거짓 된 입술들에 침이 마르지 않아
누군가를 고발하고 싶지만, 법정이 없고
뿔뿔이, 저마다, 깨진 돌덩이들은 침묵한다

사랑의 시차

내가 밤일 때 그는 낮이었다
그가 낮일 때 나는 캄캄한 밤이었다

그것이 우리 죄의 전부였지

나의 아침이 너의 밤을 용서 못하고
너의 밤이 나의 오후를 참지 못하고

피로를 모르는 젊은 태양에 눈멀어
제 몸이 까맣게 타들어가는 줄도 모르고
맨발로 선창가를 서성이며 백야의 황혼을 잡으려 했다

내 마음 한켠에 외로이 떠 있던 백조는
여름이 지나도 떠나지 않고

기다리지 않아도 꽃이 피고 꽃이 지고
그리고 가을, 그리고 겨울,

곁에 두고도 가고 오지 못했던
너와 나, 면벽(面壁)한 두 세상.

내 시의 운명

너무 심심해서
그리고가 **그러나**에게 시비를 걸었다

……………………

싸우기가 귀찮아
말줄임표로 숨은 너, 너희들을 찾아서

오월의 빛과 시월의 바람 사이에 태어난 사생아 같은 언어들……
까르르, 백지에 알을 깐다

T에게 - 검정 위에 밝은 빨강*

이제 네 방엔 다른 여자
가슴 큰 그녀의 사진이 웃고 있고

이제 네 꿈속엔 다른 인형
들어와 팔베개하고 자겠지

언젠가 내가 뛰놀았던 초원에
이름 모를 꽃들이 만개해

어쩌다 기억의 해진 갈피를 들추면
흐린 풍경 속으로
울면서 해가 지리니

검은 피로 물든
그 그림에서 액자를 벗겨다오

맹렬한 몇방울로
흘러서 네게 가리니

* 「Light Red over Black」. 마크 로스코(Mark Rothko)의 그림 제목임.

권위란

당신과 그가 똑같은 옷을 입고
똑같은 목소리로
같은 말을 해도

사람들이 그의 이야기에만 귀를 기울이는 것.

내 편지는 지금 가고 있는 중

불륜은 아름답다고
불륜은 추하다고
카운터의 아가씨들은 저희끼리 돌아앉아 화장을 고치고
수다와 수다 사이 비가 내린다
노래는 흐른다 아, 시간아 멈춰다오
그녀의 머릿속에서 그에게로 가는 편지가 되돌아오고
서교동 Café Havana에서 오늘도 커피잔을 깨뜨리며
오후의 정사처럼 부시시한 추억을 꿰맞추는 밤
창 밖에선 허술한 어깨들이 서로 젖지 않으려 어깨를 부비고
우산 하나로 세상의 비를 다 막겠다는 것인지
멀리서 비에 젖는 어느 영혼을 위하여 빌고 싶은 밤
취한 건, 추한 건, 불륜만이 아니었다

토요일 밤의 초간편 神

모든 것은 손가락에서 시작되었다
떨리는 엄지손가락이 神의 초록 버튼에 닿는 순간
세계가 당신 앞에서 춤을 춘다
태초에 말씀이 있었으니……
제2차 세계대전의 폭음을 대학가요제가 덮어쓰고
앵콜 박수가 끝나기도 전에 어디선가 남편이 아내를 살해할
음모를 꾸미고 넥타이를 다시 맨다
빠리 패션의 유혹에서 한국차의 자존심까지
순식간에 지구를 몇바퀴 돌다 지친 당신에게
토요일 밤의 神은 긴장을 풀라고 충고한다
맥주를 마시고
향수를 뿌리고
랜드로바를 신고
그래도 피곤하면 황제에게 바치는 자황보약을 주욱 들이키고
다시 지구를 쇼핑하라고 유혹한다
좋은 말 할 때 들으라고, 채널을 바꾸어 협박한다

그날 밤은 그렇게 끝날지도 모른다
당신을 원격조종하는 초간편 神과 씨름하며
스위치를 끄는 오늘 밤,
잠자리에 누워 졸리운 눈을 부빌 때
예약녹화되지 않은 진짜 고독과 공포가 엄습한다면
어떤 꿈으로 당신은 그를 쫓을 것인가

시와 똥

진통의 밤이었다

여름이 길게 목을 젖히고
키 큰 옥수수밭 사이로 사라질 때

보름달이 그녀 속으로 들어와 신음하다
똥이 되었다 시가 되었다

밭고랑에 처박힌 달 그림자에 취해
오랜 변비 끝에 시가 나오던 밤은
게으르게 누워 있던 상념의 뒤엉킨 가지들이
바람에 일어나 날을 세운다
벨 것은 자기밖에 없으면서……

몰래 앓던 여름이 피흘린 들녘, 그 자리
아침 서리 내려 굳으면
기다리던 가을이 한꺼번에 몰려오리라

첫 눈

당신은
나의 첫 입맞춤
첫번째 긴 고백은 아니지만
너 없는 여름과 가을을 보낸 뒤
첫눈이 내릴 때
서로 사랑했던 육체는 육체를 잊어도
마음은 펄 펄, 제자리를 맴돌 거란 걸
아— 알기 때문에

한걸음, 또 한걸음
너를 뭉친다
뭉갠다.

양심수

이름을 뺏기고 번호로만 남은 사람들

그들이 우리 중에 가장 나은 자들이었다고
말하지는 않겠다

그들은 우리 중 가장 뜨거웠던 사람들
그래서 지금 차가운 감방에 산다

흑백의 수의에 갇혀 푸른 하늘을 꿈꾸는
그들이 누구보다 조국을 사랑한 자들이었다고
말하지는 않겠다

그들의 것을 그들에게 돌려주자
대낮의 햇살 아래 반갑게 손을 맞잡을
그날을 기다리는 간절한 눈빛들을 위해
그들이 우리의 어두운 과거가 아니라 빛나는 현재가
되기 위해
더불어 잔을 기울일 이 없어
사는 게 영 재미없는 나를 위해서

어서 나와라, 한꺼번에
잃어버린 시간을 되찾아
멈추었던 生의 시계가 다시 뛰고*
세상을 향해 고개 들고 뚜벅뚜벅 걸어가거라

* 대구교도소에 수감중인 황인욱씨가 보내온 편지의 한 구절인 "내 시계는 92년 9월 9일에서 멎어 있어요"를 조금 바꾸어 인용했습니다.

단백질, 지방, 탄수화물의 사랑

단백질, 지방, 탄수화물로 이루어진 것들이
단백질, 지방, 탄수화물로 이루어진 것들을 그리워한다

내 단단한 껍질을 뚫고 들어와봐
내 머리가 모르게 가슴이 아직도 전율할 수 있나

단백질, 지방, 탄수화물로 이루어진 것들이
단백질, 지방, 탄수화물로 이루어진 것들에게 신호를 보낸다

가끔씩, 나를 가볍게 흔들어줘
공기처럼 너희 속으로 잠입해
잠자는 너를 깨우고 나를 일으켜
그동안 세상을 받아내며 걸친 겹겹의 비늘을 녹일
강물이 흐르게 해줘
우리가 뼈와 근육으로 된 딱딱한 유기화합물만은 아니라는 걸
느끼게 해줘

단백질, 지방, 탄수화물이 술을 마신다
섬유질이 지방에 입맞추고
세포와 조직을 부벼 춤을 춘다

단백질, 지방, 탄수화물이
단백질, 지방, 탄수화물을 더럽다고 한다
등을 마주대고 칼을 갈다 어느날 손잡고 하나가 된다

단백질 지방 탄수화물이 인간이 되고 싶어한다
아직 다치지 않은 서로의 속살을 부벼 여자로, 남자로, 다시 태어나고 싶어한다

어머니의 시

시계바늘처럼 정확한
어머니의 칼도마 소리에 잠깬 아침 여섯시
게으른 이불 속 뭉기적, 시와 놀았다

어제에 오늘을 얹고
오늘에 내일을
또 내일에 내일을……
그렇게 켜켜이 김장배추 속 채우듯 알뜰하게 세월을 싸서
누구에게 갖다 바치려는 걸까, 어머니는

아아, 어머니는 당신 평생을 저리
썰다가만 가시려는구나
쓱쓱 싹둑 저미고 다져
시간을 엮지 못하고
피곤을 꿰매지 못하고
눈물과 한숨을 그냥 촘촘
썰다 고이 가시려는구나

시계바늘보다 촘촘한
칼도마 소리에 찔린 아침
나는 시 하나를 엮었다
부끄러움 한올을.

제 2 부

그래도 아름다운 세상

그래도 아름다운 세상

너무 높아서 아파트 지붕 위로 올라가지 못한 노을
이 콘크리트 벽 사이에 엉거주춤, 걸려 있었다

바람맞은 도시의 유리창들을 두드리며
석양은 뉘엿뉘엿 똥싸며 지나가고

흔들릴 때마다 포플러 그림자는 우우—
잊지 않고 지난 여름의 왈츠를 춘다

세상은
이토록
아무렇게나 아름다운데

오늘은 또 불어터진 추억 한끝,
어느 시린 가지 턱에
걸쳐나 볼까

그리고……

어떻게도 할 수 없는 시간들이 있다
먹다 남은 포도주병이 냉장고에서 발을 구르고
마실 수도 피울 수도 없는 시간들이 있다
차례로 지워진 번호들로 지저분해진 수첩
옛 애인이 사준 스카프를 매고 새 남자를 만나러 가기 전에 거울을 보는 여자
읽다 만 신문 한귀퉁이에 말라붙은 코딱지
가을 햇살 아래 말갛게 도드라지는
무덤처럼 부어오르는
어떻게든 해야 하는 시간들이 있다

아멘 1

\+
\+ +
\+ + +
\+ + + +

주여 — 우리를 불쌍히 여기소서

서울 상공을 점령한 불의 使者들이
기도를 시작했다

서로 경쟁하듯 솟은 십자가들……
승천하지 못하고 지상에 목을 걸친
가없은 영혼의 안테나여
깜박깜박, 유치찬란한 세기말의 밤을 장식하는
오, 부지런한 전기막대들이여
천국이 너무 멀어, 꿈꾸다 지쳐 명멸하는가

시뻘겋게 일어난 헛되고 헛된 욕망의 무덤 위로
잠들지 못한 도시의 핏발선 눈이 신호를 보낸다

수고하고 짐진 자들은 다 내게로 오라
내가 너희를 편히 쉬게 하리니

아멘.

작은 별 하나 대답하러 나와 있지 않은
부우연 허공에 매달려

말씀을 기다리는 가슴에 못이 박힌다
거룩한, 거룩한 밤이었다

아멘 2

＋＋＋＋
＋＋＋
＋＋
＋

죽은 도시를 지키던 십자군들이 물러난 뒤

밤보다 어두워진 하늘이 낯설어

똥개 한마리 꼬리를 내린 채 공원을 배회하고

비가 내린다

아파트 놀이터의 텅 빈 벤치 위에
불면의 밤을 건너온 주름진 눈꺼풀 위에
불 꺼진 神의 네온사인 위에
거대한 욕망의 공동묘지 위에
뜨거운 비가 내린다

영원히 구원받지 못할 영혼 하나가 벌떡, 일어나
냉장고 문을 열고 허겁지겁 먹을 것을 찾는다
싸늘하게 식은 지상의 양식을.
심판의 그날은 아득한데
쓰라린 몽유(夢遊)의 위장에 언제 평화가 깃들 것인가

고요한, 고요한 새벽이었다

어떤 실종

오전과 오후 사이
점심시간에만 자유로운 너는
사이 같은 시만 쓴다
변비 걸린 화장실처럼 되다 만 가락만 뽑는다
오전의 긴장과 기대, 오후로 건너뛰지 못해
저녁의 피곤과 반성, 아침으로 갈아타지 못해
불어터진 우동처럼 너의 분노와 좌절
어느새 그릇을 가득 채우고
넘칠 듯 폭발할 듯, 그러다 말 듯
눈치만 삼키다 술술, 오그라든다

말과 말 사이, 한가닥도 걸치지 못해
머리와 가슴 사이, 한계단 화해의 불 지피지 못해
미적지근, 차지도 뜨겁지도 않은 국물만 넘긴다
훌훌 먹히고 만다

싸워야지
낡은 수법으로 새롭게 길들이려는 손들에 맞서
싸워야지, 다짐해도

알량한 점심값 걱정을 하며 국수집 우동 앞에서
또 한번 살뜰히 오그라드는
오전과 오후 사이
폭삭,
주저앉는다

전문직이란?

전문적으로 죽여주는 자리

그 의자에 앉기 위해 이력서의 빈칸을 채웠다

키 : 상대에 따라 늘었다 줄었다
몸무게 : 잴 때마다 다름
나이 : 주는 대로 먹었음
주소 : 오늘 내가 거하는 곳
혈액형 : B형, 흥분하면 에이-B형으로 역류함
취미 : ?

뜨거운 반역의 피가 흘러
살아 꿈틀대는 너는
검은 금 밖으로
창백한 흰 종이 너머로
뛰쳐 나가고파

네 전공은 사는 것.
전문적으로 生을 탕진하라 !

인형의 최후

누가 갖고 놀다 버렸을까
신호대기 중 쓰레기 車 속
배 터져 누운 인형 하나,
눈 홉뜨고
비에 젖어
떨고 있다
압구정동 아침 6시.

독 서

지 에미도 몰라본다는 오뉴월 상사(相思)
오뉴월 감주(甘酒)처럼 달큰시큰 뜬 속
줏대 좀 잡아보려 책을 잡았지
몇장 넘기기도 전에
이래도냐!
마음은 십리 밖으로 달아나고
첩첩 검은 문자 숲을 헤매다니는 눈
너,
너 닮은 숨은 그림 찾아서

한여름날의 꿈

내 아무리 도도한 취기로
깊이깊이 흐른들
네 손끝에도 닿지는 못하겠지

내 아무리 여름 한낮의 낮잠처럼
납작하게 널브러져 닳아 없어진들
네 마음에 포를 뜨지는 못하겠지

토하고 토해내도 다시 또 고여오는
갈증으로 회한으로 가슴만 불러오는데

모른 척,
문턱을 넘어가는 한줄기 바람

내 속의 너를 죽이고
널 닮은 시라도 잉태해
가까이 품을 수 있다면……

가정 요리

침묵을 쪼개지 않고
통째로 삼킬 수 있으면

사랑도 끓이지 않고
싱싱할 때, 산 채로 냉동시킬 수 있으면
그러면 우리는 행복해질까
가끔씩 생각나면 꺼내어
접시에 요리조리 담아도 보고
보기만 해도 배가 부를 텐데

심심하면 그리움의 식초를 치고
조금씩 감질나게 음미하면, 부패할 염려도 없을 텐데

쪼개고 태우고 끓이면서
세월은 가고 우리도 가고
사랑은 남을까 어쩔까

어머니, 밥상에서 놀라시다

어, 내 밥이 왜 자꾸 많아지지?
어, 내 국이 왜 자꾸 불어나지?

걸레처럼 뭉크러진 육십년. 한번도 제대로 앉아서 저녁을 끝까지 뜨지 못하시는 어머니. 식탁에 남은 음식 한데 쓸어 담아 비빈 건지 말은 건지 알 수 없는 잡탕 만들어 드시는데…… 말 같은 딸년들 다이어트한다고 한술 두술 몰래 얹어놓느라 힐끗힐끗 바쁜 저녁, 갈래갈래 실핏줄 터진 손등에 쇠기름 바르시며

눈 좋은 니들이 봐라, 이 내 손에 가시가 박혔나보다

할머님의 역사가 당신의 역사로, 당신의 역사가 딸년들의 역사로 무너져 살을 맞댄 자리가 어, 어, 업으로 부어오르는데

어머니, 밥상에서 놀라실 때 막내와 나 웃었다는 것.

나무는

나무는 어디에도 있다
철조망 두르듯 인도와 차도 가른 포플러만 아니라
출근길 더듬는 너의 눈동자 속에
책방에 깔린 졸리운 시집에도
청소부 아저씨의 쓸쓸한 소주잔에도
나무는 흔들리며 떠 있다

묵주신공 올리는 어머니의 십자가 진 새벽에
그의 너른 가슴팍에도
저승길 가는 길목에도
나무는 아무데나 버티고 서 있다

나무는 어디에도 없다
서울대공원 식물원만 아니라
국민학교 입학식에도 텔레비전 주말명화에도
나무는 보이지 않는다

슈베르트의 겨울 나그네에도
미술관의 누렇게 바랜 캔버스에도

선운사 가는 창가에도
그리고…… 아, 그리고 꿈꾸는 베갯머리에도
그 밑에 내가 편히 누울 수 있는
나무는 없었다

기억의 문신(文身)

당신은 지금쯤 그 언덕을 헤매고 있을 것이다

낙엽이 밟힌다
한때 당신의 전부였을 어느 생애가
발밑에서 무참히 부서진다
무심한 얼굴 위로
먼지처럼 엉겼다 흩어지는 시간들······
그 조각난 낮과 밤을 덮으며, 떨어지는 마른 잎새들이
울긋불긋 세월에 물들은 충혈된 눈으로
당신의 주름진 이마를 유린할 때
지울 수 없는 기억의 문신을 새긴다
이제 당신에게 아무것도 아닌 한 생애가
일어나 반란을 일으킨다

낙엽이 쓰러진다
당신도 따라 스러진다
차가운 땅속에 묻힌 비명을 아무도 듣지 못하고
사람들은 단풍의 피를 책갈피에 말린다

한 잎, 두 잎,
가을이 깊어간다고……

낙엽과 아이

어디선가
나뭇잎 하나가 떨고 있다

어디선가 나뭇잎 날아와 떨어진다
누군가에게 발굴되어 차가운 비유로 빛나기 위해
그를 밀어낸 위대한 태양과 대지의 비밀을 알려주기 위해
계절의 공공연한 유물로 전시되기 위해

어디선가 나뭇잎이 바람에 흔들리고, 맹렬히 저항하다 땅에 떨어지고
어디선가 자연의 장난감을 주우려 울음을 그치는 아이가 있다

어디선가, 가랑잎 하나가 하늘을 가리킨다
목숨이 다하면 놓아버리는 순리를……

행복론

사랑이 올 때는 두 팔 벌려 안고
갈 때는 노래 하나 가슴속에 묻어놓을 것
추우면 몸을 최대한 웅크릴 것
남이 닦아논 길로만 다니되
수상한 곳엔 그림자도 비추지 말며
자신을 너무 오래 들여다보지 말 것
답이 나오지 않는 질문은 아예 하지도 말며
확실한 쓸모가 없는 건 배우지 말고
특히 시는 절대로 읽지도 쓰지도 말 것
지나간 일은 모두 잊어버리되
엎질러진 물도 잘 추스려 훔치고
네 자신을 용서하듯 다른 이를 기꺼이 용서할 것
내일은 또 다른 시시한 해가 떠오르리라 믿으며
잘 보낸 하루가 그저 그렇게 보낸 십년 세월을
보상할 수도 있다고, 정말로 그렇게 믿을 것
그러나 태양 아래 새로운 것은 없고
인생은 짧고 하루는 길더라

제 3 부

옛날의 불꽃

달팽이

그 찬란했던 시간의 알맹이들은 사라지고

껍데기뿐인 추억만 남았나

이율 배반

언젠가 난 간절히 빌었었다
이 비가 그냥 지나가는 소나기가 아니기를

언제부터인가 난 또 빌었다
이 비가 제발, 그냥 지나가는 소나기이기를

언젠가, 언제부터인가
비 오는 밤이면 난 노래를 주물렀다
형벌의 낮과 밤을 반죽해 은유의 가락을 뽑았다

이 비가 그냥 지나가는 소나기가 아니길……
이 비가, 제발, 그냥 지나가는 소나기였으면……

그 여름의 어느 하루

 오랜만에 장을 보았다. 한우 등심 반근, 양파, 송이버섯, 양상추, 깻잎, 도토리묵, 냉동 대구살, 달걀...... 종이쪽지에 적어간 목록대로 쇼핑 수레에 찬거리를 담노라면 꼭 한두개씩 별외로 추가되는 게 있게 마련이다. 아, 참기름이 떨어졌지. 저기 마요네즈도 있어야 샐러드를 만들겠군. 그렇게 소소한 생활의 품목들을 빠짐없이 챙기는 동안만은 만사를 잊고 단순해질 수 있다. 불고기를 재고 도토리묵을 무쳐야지. 대구가 적당히 녹았을 때 밀가루를 뿌려야 하니 중간에 어디 들르지 말고 빨리 집으로 가야지. 샐러드에 참치를 넣을까 말까. 적어도 이것과 저것 중에 하나를 택할 자유가 내 손에 달려 있을 때, 망설임이란 늘 즐거운 법이다.

 행복이란 이런 잠깐 순간에 있는 게 아닐까? 양손에 묵직이 매달린 쇼핑 봉지의 무게를 느끼며 나는 왠지 가슴이 뿌듯했다. 근사하게 한상 차려 그를 저녁 식사에 초대하리라.

 멘델스존의 바이올린 협주곡을 크게 틀어놓고 분주히 싱크대 앞을 왔다 갔다 했다. 달콤하면서도 쓰라린

선율이 폭포처럼 거실 가득히 쏟아졌다. 아, 어쩌면 이렇게 슬픔에서 기쁨으로 빨리 넘어갈 수 있는지……미치지 않고서야.

그날 밤 요리 준비에 몰두해 이마에 송송 맺힌 땀을 닦으며 나는 알았다. 내가 지금 사랑의 신열을 앓고 있다는 것을. 그 달콤한 지옥 속으로 자진해 들어가고 있다는 것을. 어쩌면 나의 오랜 불면증이 치유될지도 모르겠다. 아니, 혹 그 증세가 더 도질지도……

오로지

한방울의 눈물이 맺히기까지

한방울의 눈물이 마르기 위해

필요한 건 오직 하나

바로 당신.

변비의 끝

어떤 이에겐 고통도 쾌락이지만
또 어떤 이에겐 쾌락도 고통이다

인생의 한때를 즐기기에는 몸이 너무 무거워

반성이 반성을 들이키고
생각이 생각을 파먹다 지쳐

아무도 내 푼수 속으로 들어오지 못하게
수다의 장막을 쳤다

밖에서 잠그기 전에 안에서 갇혀버린 나.

변기에 앉아 물을 내린다
흘러 흘러, 맑아질 生의 汚物을 한입 가득 삼켰다

보내지 못한 편지

 이것이 몇번째 편지인지 모르겠군. 어제는 이렇게 시작했었지 — 여기는 스톡홀름. 바다가 내다보이는 유스호스텔의 부엌에 앉아 라면이 끓기를 기다리고 있어. 그대에게 썼던, 보내지 못한 편지들이 지금 내 여행가방 어느 은밀한 구석에서 썩고 있겠지. 그 생각을 하니 공연히 화가 나는군 — 지금은 스톡홀름 구시가지의 길모퉁이 레스또랑에서 스웨덴식 햄버거를 먹은 뒤 (맛은 별로였지) 담배를 한대 물고 있어. 여긴 너무 아름다워서 난 미술관 따위는 방문하지 않을 거야.
 그냥 멍하니 부두에 앉아서 찰랑이는 물을, 그 보이지 않는 바닥을 헤아리며 시간을 죽였지. 바다인지 호수인지 분간이 안되는 푸른 물 위에 백조 한마리가 떠 있어. 원래 여름이 되면 백조들은 더 북쪽으로 이동한다는데, 혼자서 가지 않고 남은 이상한 놈이지. 그놈과 벗하며 내 속에 차오르는 갈망을 다스렸어. 뒤늦게 날 태우는, 이 얼빠진 열망이 주인을 제대로 찾기나 한 건지……
 어제는 조금 비참했어. 그대와 함께 찍은 사진을 보며, 잡히지 않는 사람의 마음을 잡으려다 실패했거든.

언젠가 나의 이 까닭 모를 열망을 후회할 날이 있을지도 몰라. 언젠가 그대가 나를 이해할 날이 있을까. 제풀에 지쳐 돌아설 때까지 내게 남은, 우리에게 남겨진 시간을 탕진해야 하는 게…… 더이상 쓰고 싶지 않군. 이제 일어나 걸어야겠어. 유람선을 탈 거야. 우리가 함께했던 밤들의 의미를 반추하며 그대를 그리워하겠지. 잘 있어. 난 이만 사라질게.

너를 잃고

너를 잃고 나는 걸었다

휴지조각처럼 구겨진 가랑잎들만 발에 채이고
살아있는 싱싱한 풀잎 한장 내 마음 받아주지 않네
바람 한자락 시린 내 뺨 비껴가지 않네

다정했던 그 밤들을 어디에 파묻어야 하나
어긋났던 그 낮들을 마음의 어느 골짜기에 숨겨야
하나

아무도 위로해줄 수 없는 저녁,
너를 잃고 나는 썼다

미 련

우리 둘이 헤어질 때
버스 팻말처럼 무표정하게 안녕!
나는 너를 보냈는데

그 골목, 자욱하던 바람소리 날 따라와

뜻 모를 너의 미소, 떠나는 발목을 붙들고

마지막 눈빛의 간절함에 기대어

침묵과 수다를 다해 너를 부른다

서교동 블루스

사랑은 가고
신파만 남았다

(마음이 식었다고?)
식은 마음에 매달려 그래도 혹시?
혹시의 혹시라도 남아 있을까
눈치없이 더 뜨거워진 내 마음은
펄펄 끓는 애증으로 오늘도 밥을 말아먹는다
자폭을, 자포자기를 꿈꾸는 밤

그에게 간다
실연을 확인사살하기 위하여
내가 아니라
내 발이 간다
心野의 황량한 벌판을 맨발로 달려
너의 굳게 닫힌 원룸으로 간다
언젠가 우리가 하나로 다정했던
그러나 지금은 날 거부하는 그 방으로 잠입하기 위하여

네가 보여주지 않은 너의 배후를 캐기 위하여
다른 여자의 향수냄새를 맡기 위하여
열쇠를 훔치고, 몰래 엿듣고, 화들짝 놀라 물러난다

그 팥알 같은 문구멍으로 새어나오는 불빛의 주인공
이 되고파……
돌이킬 수 없는 것을 돌이키고파
용서할 수 없는 일을 용서하고파

(이것도 노래라고 부르니?)
실연으로 난 삼류가 되었다
서교동 블루스여, 못 말리는 신파여
타다 만 내 청춘의 마지막 불꽃이여

(한번만 안아주세요)

분리수거

너를 향한 나의 애증을 분리수거할 수 있다면
원망은 원망끼리
그리움은 그리움끼리
맥주 깡통 따듯 한꺼번에 터트릴 수 있다면
2주마다 한번씩 콱! 눌러 밟아 버린다면

너를 만난 오월과 너와 헤어진 시월을 기억의 서랍에 따로 모셔둔다면
아름다웠던 날들만 모아 꽃병에 꽂을 수 있다면
차라리, 홀로 자족했던 지난 여름으로 돌아가
네가 준 환희와 고통을 너에게 되돌려줄 수 있다면
여름에 가을을, 네가 없어 끔찍했던 겨울을 미리 앓지 않아도 되리라

늦기 전에, 아주 더 늦기 전에
내 노래가 너를 건드린다면
말라 비틀어진 세상의 가슴들을 흔들어 뛰게 한다면
어느날 문득 우리를 깨우는 봄비처럼
아아 - 우우 - 허공에 메아리칠 수 있다면……

가을비

내 불면 속으로 걸어 들어오는 발자국 소리

사나운 서른여섯 해를 잠재웠던 입맞춤

그 밤은 다시 오지 않는다고
속삭이네, 아우성치네

환멸의 수의를 입고 내려와
주룩주룩, 밤의 창문에 엉겨붙네

사납게 휘몰아쳐 내 목을 조이는
그 빗소리, 나 못 듣겠네

미친 사랑노래가 벼락을 맞고 비틀거리네

가! 가! 저 환장할 가을비
내 불면 속으로 쳐들어오는 이여.

사랑니, 뽑다

그 여름의 끝에 나는 치과 의자에 누워 있었다

커튼이 쳐진 커다란 창으로 한줄기 양심의 가책 같은
따가운 아침 햇살이 수상스레 어른거리고
순서를 기다리는 고장난 입들을 쳐다보며

나는 생각했다
비명을 지르며, 비명을 삼켜야 하는 입을
육체적 고통과 정신적 고통 가운데 어느 것이 더 견디기 힘든가를
주인 몰래 그 캄캄한 동굴 속에서 하루하루 썩어 들어갔을 시커먼 사랑니를

내 몸에 박힌 너의 기억을 단숨에 뽑아버릴 수 있다면
마취주사를 맞지 않아도 좋겠지

어느 바늘이 날 찌를지

어느 핀셋이 부어오른 잇몸을 잘못 건드렸는지
나는 알지 못하지만

날 사랑하지 않는다는
당신의 아픈 그 말이 날카로운 못이 되어
가슴에 박혀 있었기에
아픔도 최면도 없이 삼십 몇년의 생애를 들어냈다

깨어나 나는 다시 물을 마시고
일어나 다시 나는 신문을 읽고
그래도 생각나면 사랑의 역사를 쓰고 또 지우리라

빚 독촉하듯 치통 다시 도지면……

내 마음의 지중해

갈매기 울음만 비듬처럼 흐드득 듣는 해안

바람도 없고
파도도 일지 않는다

상한 몸뚱이 끌어안고
물결만 아프게 부서지는

地中海, 내 마음의 호수
너를 향한 그리움에 갇혀
넘쳐도 흐르지 못하는
불구(不具)의 바다.

그 단단한 고요 찾아 나, 여기 섰다

내 피곤한 이마를 잠시 데웠다 떠나는 정오의 햇살처럼
 자욱이 피어올라 한점 미련없이 사라지는 물안개처럼

혼적 없이
널 보낼 수 있을까

포 로

오지 마
난 이제 너에게 줄 노래가 없어

잘 가라
돌아누운 나 대신
울어주었던 밤들아.

옛날의 불꽃

잠시 훔쳐온 불꽃이었지만
그 온기를 쬐고 있는 동안만은
세상 시름, 두려움도 잊고
따뜻했었다

고맙다
네가 내게 해준 모든 것에 대해
주지 않은 것들에 대해서도……

제 4 부

불면의 일기

덕수궁 돌담길

소풍 나온 처녀애들 싱싱한 허벅지 위에
맥고모 쓴 노인의 누런 막대지팡이 위에
평등하게 부서지는 햇살

일요일 오후 덕수궁 돌담길에
봄이 오다가 브레이크가 걸렸다

너도 한때 이 길에서 청춘의 꿈들을 주워올렸지
뗐다 붙였다 네 멋대로 모자이크했었지

어떤 잔인한 세월들이
이 봄을 밟고 갔던가

얼마나 많은 봄들이
이 길에서 피기도 전에 스러졌던가

우리가 버린 꿈의 조각들이,
버렸다 애써 다시 기운 희망들이
일요일 오후 덕수궁 돌담길에서
휘청거리며 빛나고 있다

유년의 일기에서

 핏빛 저녁놀을 처음 보았을 때, 난 하늘에 불이 난 줄 알았다. 엄마아— 하늘에 불이 났어! 울며 뛰어들던 품속은 얼마나 시큼했던가.

노을은 왜 붉은가
허술한 색시집 앞에 즐비한 고급 승용차들
늙지 않는 여자, 자지 않는 남자
언제나 반쯤 열려 있던 장롱문
보는 사람 없어도 계속 돌아가는 텔레비전
하루 종일 풍선껌만 부는 아이

설명할 수 없는 일이 너무 많아
그 저녁, 내가 넘어가지 못한 유년의 담벼락이여

그들에 대한 명상

 그는 여름인데도 겨울옷을 입고 땀이 흘러도 닦지 않는다 비가 오나 눈이 오나 동상처럼 앞만 보고 서 있는, 그 앞을 지나갈 땐 아이들도 길을 묻지 않는다 행여 눈이라도 마주칠까 아가씨들은 도망치듯 핸드백을 몸에 붙이고, 그 앞에선 거지도 감히 수작을 걸지 못한다

 그들은 누구인가? 둘만 모여도 줄을 맞춰 **그들**이 되는, 그토록 당당하고 그토록 과묵한 그들은 누구인가? 영화에 나올 때나 슬로모션으로 찍힐 뿐 우리는 결코 그 속을 들여다볼 수 없지만, 철망 안에서 밖으로 우리 몸을 샅샅이 훔쳐보고 침을 삼키든 말든 아무도 그 얼굴을 똑바로 보려 하지 않지만

 이튿날 아침, 피묻은 보도블록 하나 흑백으로 편집돼 식탁에 오를 때 비로소 우리는 당당하게 고개 쳐들고 천천히 씹는다 끄덕인다 아하, 그들이 **그들**이었어!

알리바이

원고지는 정사각형 20×20
줄을 맞춘 직선이 숨막혀

맥주거품에 녹아든 그렇고 그런 야합들이
피다 만 담배꽁초처럼 발에 채이는 밤
무엇을 팔았는가, 서투른 스물여섯으로

한 시대가 막을 내리고
또 한 시대가 조심스레 기웃거리는

어느 흐드러진 봄날, 한꺼번에 달그닥거리는
오래된 서랍 속에 숨어 있던 알리바이들……

불면의 일기

어떤 책도 읽히지 않았다
어떤 별도 쏟아지지 않았다

고통은 이 시처럼 줄을 맞춰 오지 않는다

내가 떠나지 못하는 이 도시
끝에서 끝으로 노래가 끊이지 않고
십년보다 긴 하루가 뒤돌아 제 그림자를 지워나갈 때
지상에서 마지막 저녁을 마시려 버스를 탄다
밤은 멀었지만 밤보다 더 어두운 저녁에
차창가에 닻을 내린 한숨이 묻어둔,
그 의미를 해독하지 못해 아직도 낯선 과거를 불러낸다
서로 빠져나오려 싸우는 기억들이 서로를 삼키는 시간
왜? 지나간 것들은…… 지나간 것들을…… 용서하지 못하는가

잃어버린 삶의 지도를 찾아 그리는
눈동자 속에 흔들리며 떠 있는 나무 한그루, 병든 잎들이
바람에 몸을 떨며 아우성친다
얼마나 더 흔들려야 무너질 수 있나

우리가 변화시킨 세상이, 세상이 변화시킨 우리를 비웃고
총천연색으로 시위하는 네온사인 불빛들이 멀리 하늘의 별을 비웃고
딸꾹질하듯 저녁해 어이없이 넘어가는데
지난날의 들뜬 노래와 비명을 매장한 뒷골목을 순례하며
두리번거린다
조각난 상념들을 꿰맞추며 두리번거린다

아, 차라리, 온전히 미치기라도 했으면……
읽고 싶지 않은 이 세상을 웃어, 넘기라도 할 텐데

이해받지 못한 가을이 저 혼자 깊어가고
아무에게도 향하지 않는 시가 완성되었다

거대한 뿌리

내 시퍼런 청춘을 저당잡혔던 첫사랑

내 머리와 입은 그를 배반해도
가슴은
그를
영원히
못 잊으리니

온몸의 핏줄과 신경세포 구석구석에 진을 친
저 거대한 뿌리를……

사랑의 정원

사랑은 천천히 오는 것
오래 오래 고독한 여름을 보내고
거짓 꽃들이 시든 뒤에
사랑은 천천히 오는 것
..........................*

아, 그러나 거짓 꽃들이 시들 때
진짜 꽃도 시들어버려

어느새 까맣게 타들어간 마지막 여름 장미
기다리다 바스라진 입술들.

널 위해 남겨진 철 지난 유행가 하나
하늘 높이 사라진다

* 글로리아 반데빌트(Gloria Vanderbilt)의 시 「Love Comes Slowly」의 일부분.

   Love comes slowly
   Long in time
   After solitary summers
   ....

정든 한숨

 어느날 나는 심연을 들여다보고 있었다. 떠날 수도 머물 수도 없는 길 위를 서성이며 내 안의 나를 낚고 있었다.

 바윗등에 부딪쳐 흩어지는 물보라 같은 원망의 순간 순간들이 다 헛되이 거품으로 끝나지 않았던가. 가슴 한구석을 맴돌며 정박해 있던 한숨이 마지막 바람에 몸을 풀었다. 나는 네 무력한 심장 한가운데 돌을 던져 희미한 파문(波紋)이라도, 잔물결이라도 일렁이고 싶었다. 세상의 거친 바람에도 지워지지 않을 문신을 새겨넣고 싶었다. 밀고 밀리던 반성의 시간들 위로 뜬 구름은 흘러 어디로 가나.

 더이상 꿈꿀 것도 잃을 것도 없어 벌레로밖에 살 수 없었던 혼자만의 방. 길들여진 오랜 낮과 밤을 인질로 삼아 팽팽히 대결하던 자승자박의 질긴 끈을 마침내 놓아야 하는가. 허공을 휘젓다 지친 손끝에 아직 열기가 남아 있을 때, 어둠의 끝에서 지펴지는 한가닥 가는 불빛은 오히려 절망이었다. 얼마나 더 사위어야 꺼질 수 있나.

 그 잘난 희망 없이도 우린 살았다. 아직 못 태운 무언가가 남아 있다면, 다시 고개 들고 태양 아래 너를 내놓아라. 그 빛에 과거를 말리어 표백하고 정든 한숨과 환멸의 힘으로 노를 저어 너의 바다에 이르리니.

김남주를 묻으며

우리 중의 누가 그의 쓴웃음 속으로 들어가보았는가
우리 중의 누가 그의 썩은 췌장을 들여다보았는가

잘 돌아가셨어요, 선생님.
이제 더는 더럽혀질 수 없는 몸이 되어
더러운 흙 속으로 순순히 들어가시는 이여.
밟아도 밟아도 다 못 밟을 땅
뜨거운 시들이 묻힌 곳, 망월동에서
당신보다 더 당신을 닮은 초상 위로
당신 생애처럼 단순, 과격하게
카메라 플래시만 번쩍! 어둠을 가릅니다
철컥, 당신의 거대한 초상화 위로 셔터가 돌아가는 그 순간
 차라리 감옥에 있을 때가 좋았지, 쓸쓸하게 말하던 당신의 얼굴을 나는 그만 보고 말았습니다
 지상으로 유배되어 이 세상의 방식대로 알맞게 부패하지 못하고
 차가운 눈 속에 박제된 가랑잎처럼, 겨울이 지나도 겨울을 증명해야 했던 사람

우리의 자랑스런 과거이자 우리의 부끄러운 현실이었던 사람
  밤이 대낮처럼 발가벗고, 배가 터지도록 부어오른*
  휘황한 거리에서 할 일이 없었던 어제의 전사
  당신의 시가 피와 칼만이 아니라 나뭇잎에 부서지는 햇살과 풀잎에 연 이슬을 노래할 즈음, 당신은 갔습니다

  저도 모르게 문득문득 제 손톱에 끼인 때처럼
  그렇게 당신은 기억될 겁니다

  뒤늦게 후회하는 자의 게으른 아침 머리맡을 붙들고
  아, 우리가 온전히 이해하지 못했던 죄로……

  솔직히 말해도 아무도 믿지 않는 이 시대
  살아있는 사상이 거처할 곳은 아무데도 없는 이곳에서
  더이상 못 볼 꼴 보지 않고
  참, 잘, 돌아가셨어요

선생님.

* 김남주의 시 「근황」에서 인용.

가을바람

가을바람은 그냥 스쳐가지 않는다
밤별들을 못 견디게 빛나게 하고
가난한 연인들 발걸음을 재촉하더니
헤매는 거리의 비명과 한숨을 몰고 와
어느 썰렁한 자취방에 슬며시 내려앉는다

그리고 생각나게 한다
지난 여름을, 덧없이 보낸 밤들을
못다 한 말들과 망설였던 이유들을
성은 없고 이름만 남은 사람들을……
낡은 앨범 먼지를 헤치고 까마득한 사연들이 튀어나
온다

가을바람 소리는 속절없는 세월에 감금된 이의
벗이 되었다 연인이 되었다
안주가 되었다

가을바람은 재난이다

낮술은

대낮에 코 박고 혼자서 들이받는
낮술은 입으로 들어가지 않는다
커튼 드리운 침침한 방
내 뒤엉킨 속으로 흐르지 않는다

낮술은 취하지 않는다
온몸으로 깨어나
열어젖힌 창 너머
가까운 산, 먼 하늘로
몰려가 구름이 되고 안개비 되어
어딘가 있을 새벽,
네 파르스름한 얼굴 위에 내린다

잠자는 기억을 들이받고
헝클어진 머리카락
하나 둘 엉겨붙는다

기다린다는 건

당신을 기다리며
그녀 앞에 쌓인 찻잔
하나,
둘,
셋,
기다린다는 건
가슴속에 여린 들풀 하나 기르는 것
물을 먹고 시간을 먹고
그리움 먹고 무성무성
가지를 뻗고 새끼를 쳐
마침내 숲을 이뤘을 때
그녀 가슴이 온통 푸르 푸르게 멍들었을 때
기다린다는 건
너무 오래 기다린다는 건
반란을 꿈꾸는 것
그녀는 떠나리
바람 속으로 떠나리

용문사 계곡에서

서러움 녹아 진저리치다
문득, 울음 그친 곳

가을 계곡에 안기면
굳이 잊어야 할 사람도
잊지 못할 사랑도 없는데

누가 걸어가고 있는지요
지는 해, 참혹한 투명 속을……

저 먼저 멍든 단풍만 잎잎이
물굽이 돌아 두런두런 떠오릅니다

1월 1일, 눈보라

 새날이다. 밀린 빨래와 청소를 마치고 목욕까지 했건만, 헌 몸에 새옷을 걸쳐주고 드러누웠건만, 마음은 어제의 방구석에 처박혀 나오려 하지 않는다. 연말 세금 정산하듯 지난날들을 한꺼번에 처분하면 얼마나 좋을까. 23평의 정든 폐허를 서성였다.

 그 많은 도시들…… 이름 모를 거리와 후미진 골목들을 헤매고 숱한 방들을 들고 난 뒤에 만난 나. 지구를 몇바퀴 돌았건만 결국 내 속을 헤매었구나. 지도에도 없는 나라를 찾아서.

 느닷없이 창가로 날아든 풍경 하나, 아우성치며 공중분해되는 하얀 눈송이들. 하얗게 돋을새김되어 되살아나는 그때 그 시간들. 허공에 박히는 추억의 파편들아. 부디 너희끼리 부딪쳐서 추락하기를…… 지상에 닿자마자 녹아 스며들기를……

 단단한 시멘트 벽을 때리는 바람소리만 횡횡, 사납게 미쳐 날뛰고 마음의 쑥대밭에 눈보라친다. 용서하지 못할 오후가 뒤집어지려나.

미완의 시

언젠가 너는 말해야 하리라
비에 젖은 쓰레기 봉투에 대해
편리하게 모았다 지워버린 과거에 대해
아무것도 모르는 척 뜨고 지는 태양에 대해
파헤쳐진 강, 포클레인에 유린당한 산에 대해
네 몸속에 아직도 자라고 있는 치욕에 대해
울리다 만 전화벨에 대해

더러운 도시를 아름답게 노래하는 법을
너는 모르고

시가 되지 못한 상념들이
잘게 부서져 찻잔 위에 떠 있다

목에 걸린 묵직한 회의를 걷어내고
나는 일어섰다

싸구려로 위로받느니 차라리
냉정한 무관심을 택하겠어

■ 해 설

프쉬케와 아프로디테, 그리고 침묵하는 신
최영미 시의 한 讀法

崔　元　植

　요새처럼 휴일이 그리운 때가 없다. 게으름 부리며 뒹굴뒹굴하다가 작곡가 이건용 교수가 작년 세밑에 보내준 CD 음반 『혼자사랑』을 이제야 듣는다. 빠바로띠나 조수미의 아리아풍과 달리, 마음에 맞는 지인들과 둘러앉아 나직나직이 대화하듯 친교하는 독일 리트(Lied)풍의 노래시 11곡을 들으며 내 귀는 안빈(安貧)하다. 수준 미달의 음(淫)한 변풍(變風)이 휩쓰는 이 나라 소리의 현실에서 최영미·도종환·하종오·윤동주의 시에 곡을 붙인 이건용의 이 음반 작업은 단연 돋보인다. 명시마다 쫓아다니며 같잖은 곡을 붙여 시도 망치고 노래도 버려놓는 한국 가곡들이 널려 있는 현실에 비추어볼 때, 이강숙이 지적하고 있듯이 "말과 소리가 함께 움직"이는 이건용의 노래시들은 시의 언어와 음악의 언어가 행복하게 만난 드문 사례로 될 것이다.
　이건용의 창작의도를 실연으로 능숙하게 받치고 있는 여성가수 전경옥의 존재도 빛난다. 오직 고전기타의 반주만으로(그 때문에 가수의 능력이 더 요구된다), 때로는 꿈꾸는 듯 읊조리다가 때로는 냉소적으로 몰아치다가 때로는 타령조로 풍덩 흥청거리면서, 자유자재로 소리의 영역을 넘나드는 그녀의 노래에 나는 편안하게 반했다. 11곡 가운데 두 곡은 안치환과 송창식이 맡았는데, 특히 윤동주의 「십자가」를 부른 송창식의 소리도 일품이다. 약간은 떨리는 목소리로 암울한 시대와 대면한 지식인의 섬세한 영혼의 미동(微動)을 비장하지만 격조를 잃지 않는 어조 속에 노래한 그는 이 나라 대중가요의 현실에서 '뭇닭들 속의 한 마리 학'이 아닐 수 없다.

공자는 일찍이 "시로 일으키고 예로 세우고 음악으로 완성한다(興於詩 立於禮 成於樂)"고 일렀다. 문학에서 시작하여 철학(또는 윤리학)을 거쳐 음악으로 마무리짓는 전통교육의 절차를 표시하는 이 말에 의하건대, 한 인간이 자신의 사람다움을 닦아나가는 과정에서 음악적 훈련이 최후의 단계라는 점에 유의해야 한다. 음악은 이만큼 중요하다. 사람의 마음을 천박하게 휘저어놓는 우리 사회의 열악한 소리환경을 갱신하는 일의 중요성이 지금처럼 간과되어서는 한국의 앞날이 어둡다고 해도 지나친 말은 아닐 것이다.

프쉬케와 아프로디테 사이

그런데 이 음반에서 최영미 시에 노래를 붙인 것들이 더욱 흥미로웠다. 사실 최영미는 어떤 점에서 불행한 시인이다. 첫시집 『서른, 잔치는 끝났다』(1994)가 뜻밖에 대형 베스트셀러가 되면서 매도와 찬미의 양극단으로 갈라선 문학 외적 풍문에 휩싸여 정작 그녀의 시세계를 찬찬히 따지는 작업은 태무한 형편이기 때문이다. 이 노래들을 들으면서 나는 새삼 최영미 시를 곰곰이 음미하였다. 그 가운데 특히 「아도니스를 위한 연가」에 자꾸 마음이 간다. 이 시는 그녀의 작품 가운데 썩 우수한 것은 아니지만, 뭐랄까 그녀의 시세계를 열 열쇠의 하나가 아닐까, 그런 생각이 얼핏 들던 것이다.

 이 시를 제대로 이해하기 위해서는 아무래도 아프로디테와 아도니스 이야기를 들여다볼 필요가 있겠다. 죽으면서 흘린 피에서 붉은 아네모네가 피어난 미소년 아도니스는 근친상간의 소산이다. 사랑의 여신 아프로디테의 노여움을 사 아버지에게 정욕을 품게 된 퀴프로스의 스뮈르나 공주는 부왕 키뉘라스를 취하게 하여 동침에 성공한다. 뒤에 이 사실을 안 키뉘라스가 임신한 딸을 죽이려 하자 공주의 기도에 감응하여 신들은 그녀를 몰약나무(스뮈르나는 그리스어로 몰약나무를 가리킴)로 변신시키지만, 더욱 분통이 터진 키뉘라스가 나무를 두 동강 내버리자 그 속에서 아도니스가 튀어나왔다. 아프로디테는 이 아기를 지하의 여신 페르세포네에게 맡겨 보호를 부탁한다. 눈부시게 아름다운 청년으로 성장한 아도니스를 페르세포네가 돌려주지 않자 아프로디테는 제우스에게 중재를 요청, 아도니스는 1년의 삼분의 일은 페르세포네와, 또다른 삼분의 일은 아프로디테와 지내고, 나머지 삼분의 일은 그의 자유의사에 맡겼다. 그는 결국 아프로디테와 1년의 삼분의 이를 지내게 되었다. 아도니스를 더 많이 차지하게 된 아프로디테를 시새운 페르세포네는 아프로디테의 애인인 난폭한 군신(軍神) 아레스를 사주, 사냥 나간 아도니스를 멧돼지에 받혀 죽게 함으로써 그를 온통 차지한다. 아도니스의 죽음에 애통하는 아프로디테의 눈물에서 장미가 태어났다니, 여신의 깊은 상심을 알 만하다. 이에 아프로디테가 페르세포네에게 호소하자, 이를 측은히 여긴 페르세포네가 아도니스를 1년의 반은 아프로디테와 지낼 수 있도록 허락함으로써, 아도니스를 둘러싼 두 여신의 투쟁은 원만한 타결에 이르렀다. 이로써 붉은 피를 흘리며 죽은 아도니스는 부활하게 되었던 것이다.

아도니스는 셈어로 '주(主)님'이란 뜻이다. 그 어원에서 짐작되듯 아도니스는 동방 기원이다. 꽃피는 4월, 지상에 왔다가 비를 내리고 축축한 가을이면 지하로 돌아가는 아도니스는 바로 죽음과 부활을 거듭하는 새싹의 정령이니, 고대 시리아의 비블로스 지방에서는 해마다 4월이면 아도니스축제를 열었다. 봄이 오면 아네모네 꽃씨를 화분에 심어 정성들여 꽃을 피운 비블로스의 여인들이, 아네모네가 이내 시들면 아프로디테의 사랑을 받던 아도니스의 죽음을 애도하여 통곡 속에 꽃상여를 만들어 성대하게 장례를 지냈다고 한다. 아도니스축제는 죽음과 같은 겨울로부터 대지의 부활을 기원하는 전형적인 계절제로서 이 이교적 봄축제가 기독교의 부활절로 계승되고 있다는 점이 흥미롭다 (유재원, 「올림포스의 열두신과 그외의 다른 신들 4 — 아프로디테」, 『현대문학』 97.7).

그런데 아도니스를 놓고 아프로디테와 경쟁을 벌이는 페르세포네도 아도니스처럼 지상과 지하, 이중생활을 하는 여신이다. "밀 경작이 이루어지는 평원의 어머니"요 "땅이 가지고 있는 생산력을 상징하는 여신" 데메테르와 제우스의 딸로 태어난 페르세포네는 지하의 신 하데스에게 납치되었으나, 제우스의 중재로 1년 중 여덟 달은 지상에서 어머니와, 네 달은 지하에서 남편 하데스와 지내게 되었던 것이다. 페르세포네는 밀의 정령이다. "고대 그리스에서 페르세포네의 축제는 시월에 치러졌다. 지중해 기후에서 정작 식물이 푸른빛으로 자라는 시기는 시월부터 이듬해 오월까지 (…) 새싹의 정령 페르세포네는 밀의 새순이 돋는 시월에 지상으로 와서 밀이 자라는 겨울철과 봄철을 지상에서 지낸다. 그러나 오월 들어 건기가 시작되면 그녀는 다시 지하의 하데스에게로 내려간다"(유재원, 「올림포스의 열두신과 그외의 다른 신들 3 — 데메테르」, 『현대문학』 97.6).

April(사월)의 어원이 아프로디테란 점에서 잘 보이듯이 아프로디테는 봄의 정령이다. 아도니스처럼 셈족 계통의 여신으로 그리스인이 오기 훨씬 전부터 팔레스타인 지방으로부터 시칠리아섬에 이르기까지 동부 지중해 일대에서 널리 숭배된 아프로디테는 원래 여성의 생식력을 표상하는 모계제 사회의 조물주, 우주 전체를 지배하는 무서운 힘을 가진 여신이었다. 그런데 그리스인의 도래와 함께 강력한 부계제의 제우스 신앙이 자리잡으면서, 아프로디테는 조물주, 즉 주님으로부터 사랑의 여신으로 격하된다. 그러나 그 속에서도 아프로디테 여신은 성적 주도권을 거침없이 행사함으로써 가부장적 올림포스 신앙을 조롱하면서 일정하게 모권적 독자성을 확보하고 있었다(유재원, 「올림포스의 열두신과 그외의 다른 신들 5 — 아프로디테」, 『현대문학』 97.8).

아도니스 이야기에 등장하는 신격들은 대지적이다. 셈족 계통의 주님이었지만 식물의 정령으로 격하된 아도니스, 밀의 정령 페르세포네, 역시 셈족 기원의 조물주였지만 사랑의 여신으로 조정된 아프로디테. 말하자면 모계제의 흔적이 물씬하다. 이 이야기에서 여신 특히 아프로디테의 성적 주도성이 도드라진다는 점에도 아울러 주목해야 한다. 식물의 정령 아도니스와 결합하는 아프로디테의 욕정이 뚜렷이 전경화한 이 이야기에는 생식력의 여신 아프로디테의 옛 모습이 생생히 살아있는 것이다.

이 배경 속에 「아도니스를 위한 연가」를 삽입해놓고 한 번 읽어보자.

  너의 인생에도
  한번쯤
  휑한 바람이 불었겠지

  바람에 갈대숲이 누울 때처럼
  먹구름에 달무리질 때처럼
  남자가 여자를 지나간 자리처럼
  시리고 아픈 흔적을 남겼을까

  너의 몸 골목골목
  너의 뼈 굽이굽이
  상처가 호수처럼 괴어 있을까

  너의 젊은 이마에도
  언젠가
  노을이 꽃잎처럼 스러지겠지

  그러면 그때 그대와 나
  골목골목 굽이굽이

상처를 섞고 흔적을 비벼
너의 심장 가장 깊숙한 곳으로
헤엄치고프다, 사랑하고프다

 이 시의 시적 화자는 아도니스를 연모하는 아프로디테로 짐작된다. 시인은 문득 아프로디테로 변신, 아도니스에게 구애한다. 그런데 불 같은 연정을 폭포수 같은 리듬에 실어 가부장적 올림포스 신앙에 저항하는 아프로디테의 생식력의 여신다운 원모습에 육박한 셰익스피어의 이야기시(narrative poem)「비너스와 아도니스」와는 달리, 최영미 시의 여신의 어조는 불길한 쓸쓸함으로 가득하다. 특히 마지막 연은 너무나 논리가 승해서 산문으로 떨어지기조차 하였다.
 왜 그럴까? 이 시의 화자도 '그대'를 타는 욕망으로 연모한다. 그런데 '그대'가 냉담한 탓인가, 화자는 영 자신이 없다. "남자가 여자를 지나간 자리처럼/시리고 아픈 흔적"에서 짐작되듯이, 옛사랑의 상처가 아직도 욱신거리기 때문일 것인데, 그러고 보면 '그대'는 화자의 연모를 모르는 듯도 하다. 이 시는 겉으로 냉정을 가장한 채 혼자 속 끓이는 짝사랑의 노래일 것이다. 그리하여 '나'는 눈부신 젊음 속에 도도한 '그대'가 상처받아 노을지는 그때, 즉 한풀 꺾여 '나'의 사랑을 감지덕지 받아들일 그날을 하릴없이 기다릴 뿐이다. 나는 이 시에서 도발적인 면모에 가려져온 최영미의 또다른 얼굴을 발견한다. 욕망하는 주체와 욕망이 지향하는 대상 사이의 그 아득한 내면적 거리 앞에 지레 겁먹고 수동적 기다림에 애태우는 여성. 어쩌면 이 모습이 뜻밖에도 최영미의 원상(原象)인지도 모른다.

어찌하여 성적 주도성을 거침없이 행사하던 여신 아프로디테가 이처럼 가련한 여성의 신세로 떨어졌을까? 여기서 제우스의 치밀한 계략 아래 앙키세스 사건을 고비로 여신이 전락하는 과정을 살펴볼 필요가 있다. 아프로디테의 농간에 무수히 골탕먹은 제우스가 거꾸로 여신을 잘생긴 양치기 청년 앙키세스에게 반하게 함으로써 복수하는데, 이 연애사건에서 여신은 색정을 주체하지 못하는 연약한 여인으로 떨어짐으로써 결국 사랑을 주관하는 일마저 아들 에로스에게 넘겨주고 쾌락의 여신으로 격하된다. 급기야 매춘부의 수호신으로까지 급락한 여신은, 에로스의 애인 프쉬케를 괴롭히는 악녀로서 그 최후를 맞이하게 되는 것이다. 외모는 예쁘지만 머리는 좋지 않고, 마음씨는 착하지만 지극히 의타적인 프쉬케는 백설공주, 신데렐라, 그리고 '잠자는 미녀'로 이어지는 가부장 이데올로기에 순응한 새로운 여인상, 즉 남성의 보호에 스스로 투항하는 청순가련형 여성의 선구였다(유재원, 같은 글 『현대문학』 97.8). 요컨대 조물주에서 사랑의 여신으로, 다시 쾌락의 여신으로 격하되었다가, 프쉬케에 의해 대체됨으로써 가부장제의 지하에서 포르노(포르노는 'Aphrodithe Porne 음탕한 아프로디테'의 Porne에서 유래함)로 연명하는 신세로 전락한 아프로디테의 추락과정은 모계제에서 부계제로 넘어가는 인류사의 전개 속에서 여성적 지위의 변천을 그대로 반영하는 것이다.

「아도니스를 위한 연가」는 따라서 기본적으로 프쉬케적이다. 이 시는 아도니스를 유혹하는 아프로디테가 아니라, 에로스가 매정하게 떠나버린 뒤 그를 되찾기 위해 갖은 인고를 감내하는 푸쉬케의 노래 또는 일생을 바쳐 페르퀸트를 기다리는 솔베이지의 노래다. 그럼에도 시인은 왜 아프로디테로 자신을 착각하는가? 아마도 프쉬케의 내면 저 깊은 곳에서 모계제의 오랜 기억, 아프로디테의 반란하는 여성성을 예감한 것인지도 모른다. 그렇다. 시인은 프쉬케적 상태에서 아프로디테를 꿈꾸기 시작한 것이다.

이런 시각에서 그녀의 첫시집을 일별하건대, 프쉬케적인 것과 아프로디테적인 것이 곳곳에서 길항하고 있음을 발견하게 된다. 때로는 프쉬케에서 아프로디테로 상승하다가 또 때로는 아프로디테에서 프쉬케로 추락하면서, 마치 겨울과 여름의 투쟁처럼 그녀의 내면에서 분열된 여성성이 비등하고 있는 것이다. 개체발생은 계통발생을 압축반복한다는 생물학의 한 법칙이 최영미의 내면에서 여성성의 탄생이란 표상을 주제로 관철되고 있다고 할까?

자본, 우리 시대의 제우스

프쉬케와 아프로디테 사이의 미묘한 스펙트럼이 그녀의 시세계에 혼재한 채 들끓고 있음에도 그녀의 시에서 독자들은 이 혼재보다는 도발적인 여성성에만 주목하곤 한다. "자위 끝의 허망한 한모금 니코틴의 깊은 맛"(「너에게로 가는 길을 나는 모른다」) "그날 밤 음부처럼 무섭도록 단순해지는 사연"(「마지막 섹스의 추억」) "입안 가득 고여오는/마지막 섹스의 추억"(「마지막 섹스의 추억」) "사람들은 내가 이혼한 줄만 알지/몇번 했는지 모른다"(「어떤 사기」) "녀석과 간음할 생각으로/뱃속이 부글부글 끓어오를 때"(「어떤 게릴라」) "어느 놈하고였더라/시대를 핑계로 어둠을 구실로/객쩍은 욕망에 꽃을 달아줬던 건"(「슬픈 까페의 노래」). 여성시인의 경우는 물론이고 남성시인의 시에서조차 성에 대한 이만큼 솔직한 표현은 드문 터인데, 욕정을 사랑으로 은폐함이 없이 성에 직핍한 그녀의 대담성에 독자들, 특히 남성들은 혼비백산하였다. 그리하여 "아아 **컴-퓨-터**와 **씹**할 수만 있다면!"(「Personal Computer」), 차마 남성들도 점잖은 입에 올리기를 꺼리는 비속어를 그것도 고딕으로 내뱉는 이 악명 높은 구절에 이르면, 남성들의 경악은 이제 분노로 폭발하고 만다.

그런데 그녀의 시에 대한 비난들은 대체로 충격적 구절들에 매여 시 전체의 문맥을 간과한 오독이기 십상이다. 예컨대 그녀를 비판할 때 으레 거론되곤 하던 「Personal Computer」는 컴퓨터 예찬이기는커녕 그 통렬한 풍자다. 사물의 구체성 또는 물질적 고통을 지우고 인간적 접촉을 제한함으로써 현실을 가볍게 부유하는 기호로 치환하는 가상공간이라는 이 새로이 도래한 또다른 현실 앞에서 그녀는 러다이트적으로 전율하고 있는 것이다. 이 시는 결코 사이버섹스에 바친 헌사가 아니다.

시는 "새로운 시간을 입력하세요／그는 점잖게 말한다"로 시작된다. '그'는 물론 컴퓨터다. 그런데 컴퓨터는 의사(擬似)인간이다. 화자는 막 그 앞에 앉아 의사인간 컴퓨터의 명령에 따라 인간의 시간에서 이륙하여 디지털 유령이 배회하는 가상공간의 '새로운 시간' 속으로 흡입되는 것이다. 이미 첫연부터 그 어조(tone)는 풍자적이다. "노련한 공화국처럼／품안의 계집처럼／그는 부드럽게 명령한다／준비가 됐으면 아무 키나 누르세요／그는 관대하기까지 하다", 2연에 이르면 풍자적 어조는 한층 상승한다. '관대'라는 표현에서 짐작되듯이, 화자는 컴퓨터에 능숙하지 않다.

머뭇거리는 화자의 미숙성과 대비하여 이 기계는 얼마나 끔찍하게 부드러운가? 컴퓨터는 인간의 조작을 얌전히 기다리는 예전의 기계들과는 판이하다. 컴퓨터를 '노련한 공화국'과 '품안의 계집'으로 직유하는 것에 주목하자. 통정한 이후의 '계집'처럼 임의롭고 싹싹한 컴퓨터를 '노련한 공화국'에 거꾸로 갖다붙이면서 이 비유는 홀연 정치경제학의 층위로 이동한다. '노련한 공화국'은 혁명의 가능성을 폭력이라는 미숙한 방법으로 저지하는 후진국 또는 개발도상국이 아니라, 능란한 지배의 기술로 민중을 마취, 혁명을 발본적으로 예방하면서 엘리뜨권력을 세련되게 방어하는 선진자본주의 제국(諸國)이다. 화자는 2연에서 이미 컴퓨터가 총자본의 화신임을 눈치채는 것이다. "연습을 계속 할까요 아니면／메뉴로 돌아갈까요?／그는 물어볼 줄도 안다／잘못되었거나 없습니다", 3연에서 화자는 컴퓨터가 부드럽게 명령만 하는 것이 아니라 묻기도 한다는 점에 놀란다. 이 쌍방향성의 환상이 가상공간을 전자민주주의의 새로운 가능성으로 쉽게 낙관하게 만드는 것인데, 화자는 이에 기만당하지 않는다. "그는 항상 빠져나갈 키를 갖고 있다／능란한 외교관처럼 모든 걸 알고 있고／아무것도 모른다", 4연의 마지막 행에서 내비치듯이 화자는 모든 것을 아는 듯이 굴지만 컴퓨터가 기실 빈 깡통이기도 하다는 점에 슬쩍 경멸을 드러낸다. 그러다 5연에서 화자는 컴퓨터의 반격에 뜨끔한다. "이 파일엔 접근할 수 없습니다／때때로 그는 정중히 거절한다". 권력이 그어놓은 촘촘한 금기의 그물망에 동선(動線)이 제약되는 현실과 달리, 모든 정보에 대한 평등주의적 접근이 허용된다는 가상공간에 대한 유토피아적 믿음이 한갓 순진한 공상에 지나지 않음을 화자는 통렬히 깨닫는다. 그리하여 6연에서 화자는 나직이 부르짖는다, "그렇게 그는 길들인다"고. 권력이 정보 또는 지식을 배제의 원리 아래 통제하는 가상공간 역시 노련한 독재체제 치하인 것이다.

> 민감한 그는 가끔 바이러스에 걸리기도 하는데
> 그럴 때마다 쿠데타를 꿈꾼다
>
> 돌아가십시오! 화면의 초기상태로
> 그대가 비롯된 곳, 그대의 뿌리, 그대의 고향으로
> 낚시터로 강단으로 공장으로
> 모오두 돌아가십시오

7, 8연에서 가상공간의 독재적 성격은 적나라하게 폭로된다. 컴퓨터는 유토피아의 믿음을 가지고 가상공간의 전자시민으로 참여했던 '그대'들에게 명령한다. 이 복귀명령 속에서 가상공동체의 몽환적 실현에 나른하던 전자시민들은 결코 지워지지 않는 계급의 표지에 경악을 금치 못하는 것이다. 가상공간에서도, 낚시터를 배회하던 실업자는 여전히 실업자고, 강단에서 분필가루 날리던 교사는 여전히 교사고, 공장에서 기름밥 먹던 노동자는 여전히 노동자인 것이다. 9연에서 컴퓨터는 상처받은 전자시민들을 다시 친절하게 위무한다. "이 기록을 삭제해도 될까요?/친절하게도 그는 유감스런 과거를 지워준다/깨끗이, 없었던 듯, 없애준다". 그리하여 현실의 계급적 표지를 지워준 이 능소능대(能小能大)한 가상공간과 화해한 전자시민들은 "우리의 시간과 정열을, 그대에게"(10연)를 외치며 다시 이

노련한 독재자를 경배하게 되는 것이다. 시는 마침내 대미에 이른다.

> 어쨌든 그는 매우 인간적이다
> 필요할 때 늘 곁에서 깜박거리는
> 친구보다도 낫다
> 애인보다도 낫다
> 말은 없어도 알아서 챙겨주는
> 그 앞에서 한없이 착해지고픈
> 이게 사랑이라면
>
> 아아 **컴-퓨-터**와 **씹**할 수만 있다면!

 머뭇거리며 가상공간의 문을 두드렸던 화자는 어느 틈에 독재자의 노련한 술수에 걸려 자기최면의 중독증으로 빠져들고 있으니, 그 경계에 11연 앞머리의 '어쨌든'이 놓여 있다. 의심이 아주 가신 것은 아니지만 체념의 냄새가 더 짙게 밴 이 부사어는 주어를 건너 '매우'라는 부사로 연결 증폭되면서 화자를 순식간에 돈끼호떼적 자기최면으로 끌고 들어가버리는 것이다, 마치 흰고래가 에이허브 선장을 끌고 깊은 바닷속으로 침몰하듯이. 그런데 돈끼호떼가 지독한 자기최면 속에서도 깜박깜박 의식을 놓치지 않고 있는 것처럼, 화자도 공상으로 끌려들어가는 자신을 한켠에서 딱한 심정으로 지켜보고 있다. 마지막 두 행이 모두 가정법이라는 점에 주목하자. 그리하여 최면의 절정에서 지독한 풍자가 완성되는 희귀한 역설이 성립하는 것이다.
 그럼 이 시의 화자는 프쉬케와 아프로디테 사이, 어디쯤에 위치하고 있을까? 컴퓨터 앞에서 머뭇거리다 드디어는 이 이상한 기계와 성교까지 생각하는 이 시의 화자는 꼭 제우스의 계략에 걸려 앙키세스와 연애하다가 그 지위가 더욱 추락하는 아프로디테와 유사하다. 그렇다면 이 시에서 컴퓨터로 변신한 우리 시대의 제우스, 그는 바로 자본이다. 권력은 이제 사법체계 속에만 있지 않다. 권력은 온 사회에 안개처럼 스며서 곳곳에서 우리를 감시하고 처벌하고 훈육한다. 이 시만큼 푸꼬적 의미의 '권력의 미시물리학'을 생생히 보여주는 시는 드물다.

이 시를 비롯, 『서른, 잔치는 끝났다』, 이 시집 전체를 지배하는 것은 자본주의적 도시의 화려한 듯 텅 빈 일상이다. 시인은 이 황폐한 공간에 포박된 한 가여운 영혼으로 이 연옥을 헐떡이며 배회한다. 시인은 무엇을 구하여 모험이 사라진 시대에 이처럼 방랑하는가? 그것은 뜻밖에도 사랑이다. 그런데 그 사랑은 혁명의 다른 이름이라는 데 유의하자.

혁명이 시작되기도 전에 혁명이 진부해졌다
사랑이 시작되기도 전에 사랑이 진부해졌다

그녀의 시 「사랑이, 혁명이, 시작되기도 전에……」의 서두는 이 유추를 선명히 보여준다. 물론 시인은 "위의 두 문장 사이엔 어떤 논리적 연관도 없습니다/다만"하고 눙치고 있지만, 그녀가 진정으로 꿈꾸는 것은 말하자면 사랑의 혁명이다. 사랑의 혁명은 「어떤 輪廻」가 암시하고 있듯이, 4월혁명도 5월광주항쟁도 6월민주항쟁도 그 모델이 아니다. 그녀가 한때 참여한 바 있던 80년대의 혁명적 학생

운동은 더욱 아니다. 그럼 무얼까? 주체와 대상이 황홀하게 합일하는 아름다운 세상에 대한 간절한 동경에도 불구하고, '그대'는 아주 멀리 있다. 아니 그 존재의 유무조차 지금은 알 길이 없다. 다만 제우스의 압도적 힘을 낭만적으로 부정하는 거짓 혁명에 빠지지 않으면서 제우스와의 기나긴 싸움의 도정에서 아프로디테의 예감으로 '그대'에게 다가갈 통로를 뚫기 위해 어둠속을 더듬어나갈 뿐이다.

저 하늘의 영원한 침묵

첫시집 이후 4년 만에 묶는 제2시집 『꿈의 페달을 밟고』를 일독하고 난 후 떠오른 인상은 아프로디테적 도발성 또는 삶에 파고드는 죽음의 에로티시즘이 거의 숨어버리고 내면의 울림이 더욱 깊어진 점이다. 예사롭지 않은 변화다.

단적으로 「T에게 - 검정 위에 밝은 빨강」을 함께 읽어보자.

> 이제 네 방엔 다른 여자
> 가슴 큰 그녀의 사진이 웃고 있고
>
> 이제 네 꿈속엔 다른 인형
> 들어와 팔베개하고 자겠지
>
> 언젠가 내가 뛰놀았던 초원에
> 이름 모를 꽃들이 만개해

어쩌다 기억의 해진 갈피를 들추면
흐린 풍경 속으로
울면서 해가 지리니

검은 피로 물든
그 그림에서 액자를 벗겨다오

맹렬한 몇방울로
흘러서 네게 가리니

　이 처연하게 아름다운 시의 부제는 '검정 위에 밝은 빨강'. 원주(原註)에 의하건대, 이는 마크 로스코(Mark Rothko)의 그림 제목이다. 최영미는 로스코를 좋아한다. 첫시집의 그 인상적인 표지화도 이 화가의 것이다. 나는 『시대의 우울: 최영미의 유럽일기』(1997)에 실린 로스코의 도판「검정 위에 밝은 빨강」을 한참 들여다보았다. 도판은 단순하다. 빨강 바탕의 직사각형 화폭을 위로부터 삼등분하여, 맨 위에 자세히 보아야 분간할 수 있는 더욱 밝은 빨강의 가장 작은 사각형, 중간에 두번째로 큰 검은 사각형, 그리고 아래에 가장 큰 검은 사각형을 배치하였다. 그런데 이 세 개의 사각형은 마치 화선지에 번진 먹자국처럼 모서리가 닳아 있다. 최영미는 로스코의 그림세계를 "잭슨 폴록처럼 뜨겁게 폭발하면서도 몬드리안처럼 차갑게 정돈된 추상"이라고 멋진 비유로 요약하였다. 사실 나는 폴록도 몬드리안도 좋아하지 않는다. 폴록은 그저 어지러울 뿐이고 몬드리안은 세계를 선적(線的)인 분할 안에 도살하는 차가운 이성의 백정 같기 때문이다. 로스코는 다르다. 빨강 바탕과 세 개의 크고 작은 사각형들이 존재의 분할을 넘어 조심스럽게 촉수를 뻗듯 먹물처럼 상호침투하는 로스코의 그림은 마치 동양화를 보는 듯 아름답고 따듯하다. 물론 최영미도 착각했다고 지적하고 있듯이, 제목에 의하건대 이 그림은 빨강이 아니라 검정이 바탕이다. 그런데 화가는 보는 이의 착각을 유도하고 있기도 하다. 왜 이와 같은 전도(顚倒)가 일어났을까? 로스코(1903~70)의 이력이 참으로 복잡도 하다. "러시아에서 태어난 유태인으로 열살 때 미국으로 망명한 화가", 러시아라곤 해도 "발트해 연안의 작은 시골마을" 출신이니 아마도 지금은 독립한 발트 3국 가운데 한 나라 태생일 터인데, "검은 상처의 블루스 같은 그림만 그리다 그는 결국 자살했다". 존재의 다층성 사이사이에 끼여 구원에 대한 간구에도 불구하고 절망 속에 목숨을 끊은 로스코의 비극에 최영미는 피붙이같이 앓는다. "분명하게 드러나지 않는, 드러낼 수 없는 생의 흔적들. 딱히 누구를 향한 것도 아닌, 날짜도 주소도 없는 그리움과 회한이 조용히 우리를 전율케 한다. 그 거무죽죽한 물감에는 남몰래 흘린 피가 몇방울 섞여 있었던 것이다."

이 지점에서 「T에게 - 검정 위에 밝은 빨강」으로 돌아가자. 아마도 로스코의 그림을 보면서 T에 대한 상념에 잠겨든 시인과 화가 사이의 상호침투과정을 보여주는 이 시에서 T는 구체적인 대상이자, 최영미 시에 끊임없이 변주되는 '님' 일반이다. 그런데 시적 자아와 님의 합일 가능성은 처음부터 봉쇄되어 있다. 「아도니스를 위한 연가」에서처럼 기다리면 언젠가 '내' 품에 안기리라고 기대했던 '너'는 "가슴 큰 그녀" 또는 "다른 인형"에 빠졌다. 이제 아프로디테적 도발은커녕 프쉬케의 희망도 사라졌다. 님과 '나' 사이에 넘을 수 없는 심연이 가로놓였다. 이 단절 앞에서 화자는 나직이 기구(祈求)한다, "그 그림에서 액자를 벗겨"달라고, 그리하여 "맹렬한 몇방울로／흘러서 네게 가"겠다고. 이 시는 소월(素月)의 「초혼」을 내파적(內破的) 신음으로 코드전환한 듯 묵시록적 풍경으로 우울하다.

바로 이 점이 첫시집과 이번 시집을 가르는 큰 변화다. 프쉬케와 아프로디테 사이에서 동요하며 기묘한 빛깔을 내뿜었던 최영미의 여성성은 어느 틈에 구원의 희망 없는 기구의 자세로 변모하였던 것이다. 『시대의 우울』의 표지화는 이브 끌랭의 작품이다. 최영미 덕에 나는 로스코에 이어 낯선 화가를 또 만나게 된 셈인데, 1962년 34세의 나이로 요절한 이 전위예술가가 개발한 파랑색은 정말 희한하다. 표지화 외에 이 책 속에는 끌랭의 도판 「무제(無題)」가 실려 있다. 아예 캔버스 전체가 빈틈없이 파랑 일색의 지독한 그림이다. 끌랭의 파랑에 대한 최영미의 해설을 들어보자. "내가 좋아하는 파란색을 원없이 보았다. International Klein Blue(앞글자만 따서 I.K.B.라고도 함)라 불리는 파란색은 끌랭이 직접 개발한, 그의 전매특허나 다름없는 색이다. 물감으로 치면 코발트 블루와 울트라 블루의 중간쯤 될까. 무어라 표현하기 힘든, 독하고 순수한 파랑이다. 오래 들여다보면 눈이 부셔서 아파오는, 그런 빛이다." 이 독하고 순수한 끌랭의 파랑을 들여다보다가 나는 문득 "저 하늘의 영원한 침묵이 나를 전율케 한다"는 빠스깔의 신음을 들었다. 그렇다. 끌랭의 파랑은 거대한 구멍처럼 텅빈 하늘, 저 우주적 공허다. 침묵하는 신이다.

최영미의 제2시집 『꿈의 페달을 밟고』는 로스코와 끌랭의 그림처럼 뜻밖에도 종교적이다. 그녀는 말한다. "나는 기독교 신자는 아니다. 어릴 적 어머니의 손에 이끌려 어거지로 세례를 받았지만 그후 나는 종교와는 무관하게 살아왔다. (중략) 신을 믿지는 않지만, 그래도 사노라면 가끔 신의 숨결을 느끼는 순간이 있다"(『시대의 우울』, 55면)고. 그녀의 시집 곳곳에 심지어는 독신적(瀆神的)인 형태로도 기독교적 체취가 배어 있다. 잘 눈에 띄지 않아서 그렇지 첫시집에도 기독의 흔적이 적지 않았다.

> 하느님 아버지
> (중략)
> 당신이 보여주신 세상이 제 맘에 들지 않아
> 한번 바꿔보려 했습니다
> ——「영수증」부분

는 대표적이다. 이 구절은 그녀가 80년대에 관여했던 학생운동의 참여동기를 짐작케 한다. 그것은 하느님의 왕국을 전복적으로 모방한 지상천국의 실현이라는 반기독적 기독충동은 아니었을까? 그러고 보면 첫시집에 임리(淋漓)한 아프로디테적 도발성은 오히려 그녀가 참여한 지상천국건설운동이 붕괴되면서 대발(大發)했던 것 같다. 그런데 이번 시집에서 그 도발성이 거의 사라졌다. 왜? 이 점에서 "그해 시월 나는 강둑에 앉아 자투리로 남은 청춘을 방생(放生)했다"(「임하댐 수몰지구에서」)는 구절에 주목하자. 청춘의 방생은 일종의 작별의 예식이다. 그것은 절망 속에서도 '그대'에게 가는 길을 탐색하던 '나'의 암중모색이 이제 거의 불가능하다는 것을 스스로에게 다짐하는 쓰디쓴 확인이요, '나'와 '그대' 사이의 넘어설 수 없는 심연, 그 단절에 대한 고요한 승인이다. '그대'는 저 독하고 순수한 파랑 속으로 아득히 사라졌다.

이 지점에서 반종교적 종교시 「아멘 1」, 「아멘 2」가 태어난다.

  +
 + +
 + + +
 + + + +

주여 — 우리를 불쌍히 여기소서

서울 상공을 점령한 불의 使者들이
기도를 시작했다

해가 진 뒤 한국의 도시 상공을 순식간에 물들이는 붉은 네온 십자가가 하나둘 불을 켜는 점등 장면을 인상적으로 그려내는 것으로 시작되는 「아멘 1」에서 시인의 어조는 깊은 연민에 차 있다. 물론 2연에서 십자가를 "부지런한 전기막대들"이라고 야유하지만, 대상을 공격하는 풍자의 예리함은 이미 무디기 짝이 없다. 시인은 십자가를 오히려 인간적으로 해석한다, 그녀처럼 "잠들지 못한 도시의 핏발 선 눈"으로. 그러나 "작은 별 하나 대답하러 나와 있지 않"다. 구원과 은총의 희망 없이 하늘을 향해 헛된 손을 뻗는 "가엾은 영혼의 안테나", 여기에 첫시집과 사뭇 다른 시인의 자태가 있다.

「아멘 2」는 「아멘 1」과 극적인 대비를 이룬다.

   + + + +
   + + +
   + +
   +

죽은 도시를 지키던 십자군들이 물러난 뒤

밤보다 어두워진 하늘이 낯설어

똥개 한마리 꼬리를 내린 채 공원을 배회하고

비가 내린다

  온 도시를 거대한 공동묘지로 만들었던 붉은 십자가들이 새벽을 맞아 하나둘 꺼지면서 더욱 을씨년한 풍경으로 화하는 찰나를, 함께 불면의 밤을 지낸 시인의 눈으로 포착한 이 서두는 그 비애의 깊은 맛이 마치 날카로운 비수와 같다. 그런데 새벽의 이 낯선 바깥 풍경은 시인의 아파트 내부와 돌연 대비되면서 한층 소외된다. "영원히 구원받지 못할 영혼 하나가 벌떡, 일어나/냉장고 문을 열고 허겁지겁 먹을 것을 찾는다/싸늘하게 식은 지상의 양식을." 그 와중에도 허기를 느끼다니 인간이란 이 무슨 형벌인가! "영원히 구원받지 못할 영혼"의 맹렬한 허기 — 참으로 통렬한 자기풍자다. 여기서 우리는 "싸늘하게 식은 지상의 양식"에 주목할 필요가 있다. 이는 차가운 이성을 버리고 살아있는 감각의 서정에서 지상의 양식을 구한 앙드레 지드에 대한 패러디다. 천상의 양식은 물론이고 지상의 양식도 없다. 오직 남은 것은 신이 떠나버린 시대에 어두운 미궁을 유령처럼 배회하는 인간의 갈증뿐!

공공성의 회복을 위하여

묵시록적 풍경들로 가득한 이 시집에서 시인은 그 때문에 더욱 고통스러운 인간에 대한 연민으로 따듯하다. 아니 모든 목숨 가진 것들에 대해서, 심지어 "누가 갖고 놀다 버"린 인형(「인형의 최후」)에까지도 그녀의 마음은 민감하게 감응한다. 그 연민의 폭은 자기로부터 미루어 다른 사람들에게 미쳐가는 전형적인 추기급인(推己及人)의 마음자리에 기초한 것인데, 그것은 그녀에게는 매우 낯선 모성성(母性性)의 새로운 드러남이기도 하다. 그러고 보면 이 시집에 첫시집과 달리 어머니에게 바쳐친 시들이 눈에 띈다. 첫시집에서 "자잘토실한 근심들로 광대뼈만 움푹 살진 어머니"(「우리 집」), 또는 "매일 되풀이되는 어머니의 넋두리"(「사는 이유」)처럼 설핏 스치던 어머니의 이미지가 이번 시집에서는 본격적인 사유의 대상으로 떠오른다. "시와 놀"고 있는 그녀의 삶이 어머니의 유구한 칼도마 소리 위에 떠 있음을 엷은 통증 속에 깨닫는 「어머니의 시」에서 싹터, 「어머니, 밥상에서 놀라시다」의 "할머님의 역사가 당신의 역사로, 당신의 역사가 딸년들의 역사로 무너져 살을 맞댄 자리가 어, 어, 업으로 부어오르는데"에 이르러, 그녀는 한때 부정했던 어머니의 역사와 따뜻한 해학 속에 화해하게 된다. 물론 이는 어머니의 역사로 단순 투항하는 것은 아닐 터인데, 그녀의 마음 저 깊은 곳에서 "그 달콤한 지옥" 또는 "사랑의 신열"(「그 여름의 어느 하루」)이 새로운 수준에서 발동하고 있다. 바로 이 지점에서 첫시집의 도발성은 물론 이번 시집에서 주조를 이루는 어떤 종교성과도 다른 순정(醇正)한 사랑의 노래 「꿈의 페달을 밟고」가 탄생하는 것이다.

    내 마음 저 달처럼 차오르는데
    네가 쌓은 돌담을 넘지 못하고
    새벽마다 유산되는 꿈을 찾아서
    잡을 수 없는 손으로 너를 더듬고
    말할 수 없는 혀로 너를 부른다
    몰래 사랑을 키워온 밤이 깊어가는데

    꿈의 페달을 밟고 너에게 갈 수 있다면
    시시한 별들의 유혹은 뿌리쳐도 좋았다

  그런데 나는 이번 시집에 나타난 시인의 자태에 대해 약간의 우려도 없지 않다. 님과의 황홀한 합일에 대한 억누를 수 없는 동경과 그 불가능성에 대한 쓰디쓴 확인이라는 양극단 사이를 순환하는 그녀의 정신이 일종의 영겁회귀의 쳇바퀴로 빠져드는 것은 아닌가? 자칫 하나의 포즈로 굳을까 저어된다. 물론 위에서 지적했듯이 모성에 대한 새로운 자각과 그에 말미암은 생활에 대한 구체적 감각의 회복이 그 악순환을 깨트릴 어떤 가능성을 보여주곤 있지만, 그 통로는 아직은 지극히 사적인 영역에 갇혀 있다. 첫시집에서 그녀가 보여주었던 '사랑의 혁명'에 대한 예감이 이번 시집에서 더욱 생동하는 육체성을 획득하지 못한 것이다. 왜 그럴까? 뽀르로알 수도원으로 스스로 격리된 빠스깔처럼 최영미도 우리 시대로부터 너무 멀어졌다. 이번 시집에 첫시집의 지하철 연작 같은 대중체험이 사라진 것도 그 반증의 하나일 터인데, 시인이여, 돌아오라 현실로, 발부리만큼씩! 서구 또는 서구미술에 대한 탐닉을 넘어서 고통스러운 문자의 세계로 한걸음씩 복귀할 것. 이 날카로운 문명적 전환기에 그녀가 일찍이 보여주었던 비등하는 여성성은 21세기 패러다임 구축에 있어서 너무나 소중한 싹의 하나이기 때문이다. 제2시집 출간이 이 범상치 않은 시인의 새로운 도약을 위한 자기확인의 자리로 되기를 바라며 마음속으로부터 깊은 감축(感祝)을 보낸다.

후　　기

　이 세상에 빛과 어둠만 있는 줄 알다가 어둠에도 여러 단계가 있고, 어떤 빛은 눈을 멀게 하지만 또 어떤 빛은 사물을 보다 잘 드러내준다는 걸 깨달았을 때, 다른 사람의 시가 더이상 재미없어졌을 때, 나도 모르게 시를 쓰고 있었다. '시를 썼다'라기보다는 '시가 나를 부렸다'는 표현이 더 정확하리라.

　첫시집을 낸 뒤 공인된 건달의 길로 접어들면서 체면을 차린다고 문단 선배나 어른들 눈치 봐가며 술을 마시듯, 어느새 내가 시를 '모시고' 있다는 걸 알고 경악했다. 이 글을 쓰는 지금도 나는 경악한다. 아니 더 경악해야 한다고, 혁명적으로 경악해야 한다고, 뜨거운 순대국밥에 입천장을 데일 때만큼 경악해야 한다고, 혼자 다짐해본다.
　그러나 모든 다짐은 또 얼마나 새로운 마음의 짐이 되던가. 차라리 앞으로 시를 더 깍듯이 모시겠다고 말하는 편이 더 낫지 않을까. 매일 밤 나는 음모를 꾸민다. 내 시가 모르게 음모를 꾸민다.

　뭣도 모르고 감히 시를 저질렀던 그 시절이 그립다. 서투른 만큼 순수한 첫사랑의 열정으로 한행 한행을 밀고 나갔던 그 시절에 나는 '시란 무엇인가'라고 한번도 묻지 않앉었다.

 이번에 묶인 시들은 벌써 냄새가 폴폴 난다. 매너리즘 냄새가, 애써 짜맞추려 끙끙대며 피워댄 줄담배 냄새가, 고약한 시인 냄새가 난다. 어쩌겠는가. 고개 숙이고 또 한 번, 뜨거운 순대국밥을 먹을 수밖에.
 시는 내게 밥이며 연애이며 정치이며, 그 모든 것들 위에 서 있는 무엇이다. 그래서 나의 운명이 되어버린 시들이여. 세상의 벗들과 적들에게 맛있게 씹히기를……
 으자자자작.

1998년 4월
최　　영　　미

창비시선 175
꿈의 페달을 밟고

초판 1쇄 발행/1998년 5월 10일
초판 4쇄 발행/2024년 1월 16일

지은이/최영미
펴낸이/염종선
펴낸곳/(주)창비
등록/1986년 8월 5일 제85호
주소/10881 경기도 파주시 회동길 184
전화/031-955-3333
팩시밀리/영업 031-955-3399 편집 031-955-3400
홈페이지/www.changbi.com
전자우편/lit@changbi.com

ⓒ 최영미 1998
ISBN 978-89-364-2175-5 03810

* 이 책 내용의 전부 또는 일부를 재사용하려면
  반드시 저작권자와 창비 양측의 동의를 받아야 합니다.
* 책값은 뒤표지에 표시되어 있습니다.